LETTRE

DE

Mgr DUPANLOUP, Évêque d'Orléans,

à M. GAMBETTA.

PRIX :

1 Exemplaire :	0 fr. 05.	— Par la poste :	0 fr. 10.
12 Exempl.	» 50. —	—	» 80.
50 Exempl.	2 » ». —	—	3 25.
100 Exempl.	4 » ». —	—	6 30.

CHEZ LANGLOIS

LIBRAIRE, ÉDITEUR DU DIMANCHE,

23, place Saint-Firmin, Amiens.

LETTRE

De Mgr. DUPANLOUP, Évêque d'Orléans,

à M. GAMBETTA.

Monsieur,

Après avoir lu le discours que vous venez de prononcer à Saint-Quentin, j'ai attendu quelques jours pour voir si quelqu'un se lèverait et ferait justice de vos paroles. Puisqu'on les laisse passer sans protestation, malgré le peu de goût que j'y trouve, je parlerai.

Votre discours touche à la fois à la politique et à la Religion, et vous les traitez, ces deux grandes choses, comme si, demain, vous deviez en être le maître. Je m'occuperai peu de votre politique, bien qu'elle ajoute aux inquiétudes déjà si graves de notre pauvre pays une menace de plus; mais j'ai le droit de vous demander compte, comme évêque, de la guerre que vous déclarez à l'Eglise et à la Religion.

Car, c'est la guerre ; et avec des accusations et des outrages tels que, si vos paroles étaient vraies, ce n'est pas seulement de l'école qu'il faudrait nous chasser, comme vous le demandez, mais de l'Eglise elle-même.

J'avoue que j'avais d'abord été surpris par la modération apparente de vos paroles. Sensible aux conversions, quand elles sont sincères, je me demandais, en vous lisant, en vous voyant si calme, si insinuant et si avisé, quoique peu modeste, je me demandais si l'Assemblée nationale allait présenter le spectacle d'une réconciliation des partis devant l'image d'une République idéale. Que de miel sur vos lèvres! Parfois même que de tolérance dans vos maximes ! Voici, en effet, dans l'exposé, le programme, le message, le manifeste, de quelque nom qu'il convienne de l'appeler, que vous avez adressé à vos convives de Saint-Quentin, voici comment vous procédez :

Vous voulez « un gouvernement fort et durable, protec- « teur vigilant des intérêts de *tous* et capable de *régénérer* « *les mœurs* de la famille française. » — Ici, monsieur, nous sommes certainement tous d'accord. — Ce gouvernement, dites-vous, pacifiera les âmes, rapprochera les classes et rendra à la France son rang en Europe. — A merveille encore ! Mais poursuivons.

Pour cela, vous faites appel même aux votants désabusés du plébiscite, même aux légitimistes qui seront, par leur fortune et leur éducation, la *parure de l'Etat*, même aux conservateurs, qui seront le frein d'une politique dont vos amis seront l'aiguillon.

Et quelle sera cette politique ? La *politique du travail*, bien différente de la politique de conquête, le triomphe de *l'idée de justice* dans l'accomplissement des devoirs sociaux. — Je ne puis m'empêcher de remarquer ici que ces mots : *politique du travail, idée de justice*, sont ceux qu'emploie tous les jours l'*Internationale*, et dans un sens qui n'est pas fait précisément pour rassurer la société. Mais passons.

Cette forme de gouvernement, cette politique, comment arriver à l'établir? Par le suffrage universel, droit des droits, juge unique et souverain, armée pacifique. Et comment persuader et entraîner vers ce but le suffrage universel ? En donnant à l'opinion publique, par les *fréquentations démocratiques*, les épreuves de la *moralité*, de la *valeur politique*, de l'*aptitude* aux *affaires* du parti républicain ; en établissant que le *pouvoir républicain est le plus libéral des pouvoirs*, etc.

Vraiment, monsieur, tout cela a dû paraître admirable à votre auditoire, et si telle est votre République, beaucoup de nos plus honnêtes conservateurs vous diront : Touchons-nous la main; c'est celle-là même que l'Assemblée nationale essaie de réaliser, au prix de tant d'abnégation, de désintéressement et de loyauté, avec et par M. Thiers. Mais soyons francs. Cette République, vous n'avez pas le droit de dire que c'est la vôtre. Votre douceur est purement oratoire et platonique, car deux phrases de votre discours vous trahissent, et montre qui vous êtes.

Il faut, dites-vous, « ne donner jamais son opinion que « comme un moyen d'accroissement du bien-être général; et « se faire, *pour soi-même*, une sorte de *memento* dans lequel « on inscrit, pour les réclamer, les institutions que le peuple « est en droit d'attendre de la République démocratique. »

Si un prêtre avait dit ces mots, qui semblent d'un Italien plutôt que d'un Français, on l'accuserait d'hypocrisie et de restriction mentale. On dirait qu'il fait le bon apôtre, qu'il cache son jeu, n'avouant pas le fond de sa pensée. Mais tout est défendu à un clérical, tout est permis à un radical. Cela est connu. Je me borne à citer cette première phrase, sans la qualifier davantage, et je passe à une seconde qui me donne le droit, non pas seulement de vous suspecter, comme celle-ci, mais de vous attaquer en face; cette phrase, la voici:

« Ce que j'ai fait dans le passé est le vrai gage de ce quel « je ferai dans l'avenir, pour l'établissement définitif de la « République. »

'est là, monsieur, que je vous arrête.

Et d'abord, j'admire comment, chargé devant le pays d'une responsabilité si grave, et de fautes dont on aurait pu vous demander un compte plus sérieux, vous pouvez être si prompt à accuser les autres et à vous glorifier vous-même, au point d'oser dire : « Ce que j'ai fait dans le passé « est le vrai gage de ce que je ferai dans l'avenir. »

Qu'avez-vous donc fait dans le passé ?

Jeune avocat, improvisé tout à coup homme politique, à la suite d'un procès tumultueux, l'audace de vos opinions révolutionnaires a fait de vous un candidat au Corps législatif, puis un député, avec vos amis MM. Blanqui, Raspail, Rochefort. Au 4 septembre, vous avez pris le pouvoir, vous vous êtes adjugé le ministère de l'intérieur sans consulter vos collègues. Une fois à ce ministère, avez-vous tendu à tous les bons citoyens ces bras que vous semblez ouvrir maintenant si larges ? Non. Vous avez mis à l'Hôtel-de-Ville les Etienne Arago, les Ferry et les Rochefort; aux mairies, Delescluze, Mottu, Bonvalet, Clémenceau ; aux préfectures, Duportal, Engelhard, et tous les Jacobins ; vos amis, rien que vos amis, et les plus exaltés. Puis, lorsque vos collègues ont eu, pour se débarrasser, l'insigne faiblesse de vous jeter sur la France, lorsque le hasard des événements vous a subitement confié ce rôle magnifique et qui eût été sans égal pour un cœur de héros et de vrai patriote, qu'avez-vous fait ?

Vous avez bien plutôt cherché à imposer la République, votre République, qu'à sauver la France. Que nous parlez-vous de suffrage universel ? Vous l'avez compté pour rien. Par un premier décret, vous avez cassé les conseils généraux sans les remplacer. Par un second décret vous avez ajourné les élections. Par un troisième décret, vous avez mutilé les droits d'éligibilité. Seul maître, partout obéi, d'un peuple qui vous a prodigué son argent, ses enfants, son sang, qu'en avez vous fait ? N'est-ce pas un républicain lui-même qui a appelé votre funeste pouvoir *la dictature de l'incapacité ?*

Après trois mois, vous pesiez sur nous presque plus que l'empire ; et lorsque vous soutenez que l'Assemblée nationale a achevé sa tâche qui était de finir la guerre, vous oubliez que cette Assemblée avait reçu de la France trois mandats et non pas un seul. Elle était, elle est encore chargée de délivrer la patrie des Prussiens, de la démagogie, et de vous.

Après les effroyables catastrophes dans lesquelles s'abîma l'empire, savez-vous, Monsieur, quel fut le grand malheur de la France ? Ce fut qu'alors, dans une crise aussi terrible, le maître absolu de la France, c'était vous. Je ne parle pas des deux vieillards qui se trouvaient à Tours avec vous. C'était de vous, de l'avocat, que nos généraux recevaient des ordres ; c'était vous qui dictiez des plans de campagne ; vous qui éparpilliez nos forces, et lanciez à l'aveugle, à droite et à gauche, nos armées, multipliant vos bulletins menteurs en même temps que nos revers... Mais je détourne ma pensée de ces désastres, ainsi que de ces pauvres soldats, sans vêtements, sans souliers, sans vivres, sans munitions !

Quel organisateur vous avez été, Monsieur ! Et que vous avez eu la main heureuse avec vos fournisseurs !

Cependant, toujours généreuse, la nation aurait pu tenir quelque compte de votre activité personnelle et de vos efforts, même malheureux ; elle vous avait su gré de vous être effacé, momentanément; mais vous avez reparu trop tôt, peu de temps avant le jour où la Commune de Paris remettait en lumière vos amis, vos lieutenants, vos maîtres ou vos disciples, Delescluze et Millière, Rigault et Ranc, Cavalier et Mottu, tous ces hommes couverts à la fois d'ignominie et de ridicule, dont quelques-uns vous entourent encore, tout ce parti que, pas même par un mot, vous ne désavouez, et dont vous engagez aussi les membres à donner une preuve de leur moralité, de leur valeur politique et de leur aptitude aux affaires ! Cette preuve est donnée, Monsieur, et vraiment vous comptez trop sur la légèreté, la sottise ou la crédulité du public. Vous lui prêchez en paroles une débonnaire République ; mais il n'a pas oublié la République à la fois grotesque, ruineuse, et sanglante, qui, pendant six mois, a été infligée à la France.

Votre République *démocratique*, vous avez évité avec un soin prudent de la nommer *sociale ;* et pourquoi donc ? Le bonheur d'avoir encore une heure rapide de dictature ne vaut-il pas la peine qu'on risque les catastrophes ? Pauvre pays, destiné à être ainsi perpétuellement la dupe ou la victime des plus coupables ambitions ?

Non, quoi que vous disiez ou dissimuliez, nos souvenirs tuent vos promesses. Et il faudrait, pour nous persuader, autre chose que des paroles sonores. Vous sortez, il est vrai, sur un point seul, du vague de votre programme. Vous voulez, dites-vous, fonder avant tout l'avenir démocratique sur une réforme, celle de l'enseignement ; et dans cette pensée, vous vous proclamez, vous et vos amis, seuls capables, seuls dignes d'élever la jeunesse. Vous voulez que l'on fasse des hommes justes, libres et forts. Cela est à merveille. Mais comment ? Par une éducation nationale donnée d'une manière véritablement moderne, véritablement démocratique.

Et ici, vous osez affirmer que l'Eglise et le gouvernement n'ont rien fait pour l'enseignement, qu'à leurs yeux *tout lecteur est un ennemi*, et vous prétendez réformer le monde par vos écoles.

Laissez-moi vous répondre que vous profitez ici de l'ignorance, au lieu de la combattre. Car il faut étrangement compter sur l'ignorance d'un auditoire, pour lui faire accepter à la fois dans une même phrase une calomnie et une niaiserie.

Les gouvernements français, depuis soixante ans, ont établi plus de 50,000 écoles, et triplé le budget de l'enseignement primaire.

Quant à l'Eglise, elle est fondée sur deux choses : un livre, l'Evangile, et un commandement divin, qui est : *Ite et docete*, allez et instruisez. Cette phrase, devenue banale : *l'ignorance est la source de tous les maux*, c'est un pape qui l'a prononcée, et il ajoutait : *surtout parmi les ouvriers*. Benoît XIV disait cela plus de cent ans avant votre naissance.

La calomnie est donc lourde, la niaiserie l'est encore plus. Ainsi, vous aussi, monsieur Gambetta, vous avez la prétention de frapper les générations à votre effigie, comme on frappe une monnaie, par le moyen des écoles. Mais les gens du métier savent bien, et l'expérience prouve que cette prétention est absurde, et peut devenir une affreuse tyrannie. L'instruction, en soi, primaire ou secondaire, même avec tout ce que vous pourrez y ajouter de hautes sciences, d'algèbre, de chimie, etc., ne donne pas des mœurs; et en particulier les partis qui flattent les instituteurs, attendent au fond bien plus de leur influence sur les électeurs que de leur action sur les écoliers.

Savez-vous ce qui surtout influe sur la famille et sur la société ? C'est l'éducation, morale ou immorale, religieuse ou athée. Et savez-vous pourquoi je me défie de votre réforme ? c'est qu'elle ne sera ni morale ni religieuse.

Dans le vrai, qu'est-ce qu'une instruction *vraiment moderne, vraiment démocratique* ? Est-ce qu'il y a une géométrie moderne ? une jeune morale, et une géographie inédite, Tous ces grands mots sont de gros nuages oratoires, vides obscurs, et sans aucun sens pour l'esprit, dès qu'on veut les décomposer.

Cependant, après avoir jeté ces phrases à vos auditeurs, vous continuez et vous prononcez les mots du parti, les mots d'ordre du moment. Il n'y manque que les dîmes et les corvées. Vous dites : l'enseignement sera *gratuit*. — C'est trente millions de plus au budget ; mais qu'importe ? vous en avez fait dépenser bien d'autres. Les pauvres paieront pour les riches ; mais le peuple s'imaginera ne rien payer, et vous en devoir le bienfait. — *Obligatoire*, soit, si vous pouvez inventer une sanction sérieuse pour votre loi, une sérieuse garantie pour la liberté des familles, et surtout des maîtres dont vous soyez assez sûr, pour pouvoir, sans la plus abominable des tyrannies, *forcer* les pères à leur confier ce qu'ils ont de plus cher au monde, leurs enfants. Mais ces menus détails ne vous arrêtent pas. Enfin, l'enseignement sera *laïque*, voilà le gros mot lâché.

Il est facile d'attaquer, de calomnier des prêtres absents, des religieux qui ne se défendent pas. Ce n'est pas très-délicat, mais il y a une grosse popularité à gagner dans notre parti de ce côté et les duretés sur l'Église feront passer les douceurs envers d'autres. Frappons donc fort ici. On séparera désormais l'Église de l'Etat. Cela n'est pas assez, on séparera l'Église de l'école, et l'école de toute religion.

Vous avez dit, Monsieur, que votre République serait libérale. Si vous commencez par exclure toute une catégorie de citoyens et de femmes du droit commun d'enseigner, uniquement parce que leurs croyances religieuses ne sont pas les vôtres, ne vous dites plus, je vous prie, libéral, et n'accusez pas l'Eglise d'intolérance. Ou bien soyez logique, et séparez l'*Etat de l'Ecole*. Car l'Etat, c'est le budget, c'est notre argent à tous. Vous ne pouvez pas sans tyrannie forcer les familles d'envoyer leurs enfants à l'école de l'Etat. Sortez d'ailleurs des phrases sonores et appelez les choses par leur nom. L'Eglise, c'est nous. L'Etat, c'est vous. Oter l'argent à nous et à nos doctrines, prendre l'argent pour vous et vos doctrines, cela s'appelle séparer l'Eglise de l'Etat.

Mais je me tranquillise à peu près sur le choix des familles, quand j'apprends de vous quel sera le programme de cet enseignement.

Ce programme, le voici : c'est « un programme étendu et varié, de telle sorte qu'au lieu d'une science tronquée, on dispense à l'homme *toute la vérité, et que rien de ce qui peut entrer dans l'esprit humain* ne lui soit caché. »

De omni re scibili! c'est admirable! Vous aurez la puissance apparemment de créer des esprits capables de cette encyclopédie ! Vous pouvez tant de choses !

Ainsi, c'est l'enseignement gratuit, obligatoire, laïque, et de plus intégral pour tous, et complet jusqu'à l'impossible ; mais alors, c'est la formule de l'absurde.

« A l'école, dites-vous encore, on enseignera aux enfants
« *les vérités de la science* dans leur rigueur et *leur simplicité*
« *majestueuse ;* » et ainsi, « vous aurez préparé des citoyens
« *dont les principes tiennent à des bases sur lesquelles repose*
« *notre société tout entière.* »

Qu'entendez-vous par ces grands mots ? Qu'est-ce que ces principes ? Qu'est-ce que ces bases ? Soit que ces principes tiennent à ces bases, ou que ces bases tiennent à ces principes, qu'en apprendrez-vous à des enfants de sept à onze ans ? Je vous somme encore de me donner nettement le texte du « programme de science » que nos braves instituteurs de village, pour inspirer à des enfants de sept à onze ans le devoir et le sacrifice, devront substituer aux dix commandements de Dieu et au saint, sublime et populaire évangile de Notre-Seigneur-Jésus-Christ.

Qui donc vous rend, monsieur, si ingrat envers les électeurs de Paris ou de Lyon, qui ont presque tous été élevés par les Frères, si dur envers les prêtres qui n'ont peut-être pas été inutiles a votre première éducation, et si injuste envers l'Eglise ?

Mon devoir est d'insister sur ce point et de protester contre vos calomnies.

Quoi ! c'est après que le clergé de France s'est dévoué

comme il l'a fait, au service de nos soldats et de nos prisonniers ; c'est quatre mois après que nos aumôniers et nos frères des écoles chrétiennes ont été vus et sont morts sur les champs de bataille ; c'est après que toutes nos religieuses se sont dévouées à nos ambulances, c'est alors que vous avez le cœur de dire que nous ne sommes plus Français ! Et c'est au lendemain du massacre des ôtages que vous reprenez ces calomnies, que vous nous représentez comme constituant pour la société moderne « le plus grand des périls. » — c'est votre mot, — nous dénonçant ainsi de nouveau aux fureurs aveugles !

Et ce n'est pas seulement nous que vous calomniez, c'est le Pape. Ah ! j'en conviens, les horreurs, les trahisons, les lâchetés et les mensonges, dont il a été environné pendant vingt-cinq ans, n'ont pas dû le rendre très sensible aux charmes de cette prétendue liberté que vous nous promettez, et il lui est permis de ne pas admirer ce Garibaldi auquel vous avez peut-être sacrifié l'armée de l'Est. Mais, dans l'encyclique que vos auditeurs n'ont pas lue, le Pape n'a jamais condamné les diverses formes de gouvernement, inscrites dans les lois des divers peuples, il n'a condamné que les libertés sans frein, les droits sans devoirs, et les sociétés sans Dieu. Quant à la famille et à la propriété, monsieur, sied-il à vos amis de s'en dire les vertueux défenseurs ?

Mais ce qu'il y a ici de plus curieux, dans ce pêle-mêle d'idées confuses et incohérentes, c'est le motif pour lequel vous voulez interdire aux prêtres français le droit commun à tous les Français d'enseigner : « Quand vous aurez fait appel à l'é-
« nergie d'hommes élevés par de tels maîtres, quand vous
« voudrez exciter en eux des idées de sacrifice, de dévoue-
« ment et de patrie, vous vous trouverez en présence d'une
« espèce humaine amollie, débilitée. »

Et la raison que vous donnez de cet amollissement et de cette débilitation de l'espèce humaine élevée par nous, est encore plus extraordinaire : c'est que nous *enseignons la Providence*, et des maîtres qui croient à la Providence ne peuvent qu'*amollir et débiliter l'espèce humaine !*

Ici, vous opposez, monsieur, « la doctrine qui habitue

l'esprit à l'idée d'une Providence, » à « la révolution qui enseigne l'autorité et la responsabilité des volontés humaines, la liberté de l'action. » Mais il n'y a, monsieur, nulle incompatibilité entre ces choses : la doctrine chrétienne les enseigne toutes deux ; et en les opposant ainsi, assurément vous ne vous entendez pas vous-même, ni les choses dont vous parlez.

Mais vous, qui ne croyez pas à la Providence et n'êtes par conséquent ni amolli, ni débilité, connaissez-vous une autre croyance qui apprenne mieux à supporter la vie et à affronter la mort? Vous avez ordonné à beaucoup d'hommes, cette année, de se précipiter à la mort : auriez-vous osé recommander à nos soldats d'aller se faire tuer, en se moquant de Dieu, et trouvez-vous que la foi dans la Providence ait amolli les âmes des zouaves pontificaux et des francs-tireurs bretons ?

Mais, prenez-y garde, et il faut raisonner juste : ce ne sont pas seulement les prêtres qui croient à la Providence, c'est quiconque professe la foi chrétienne : donc, s'il faut chasser les prêtres des écoles, parce qu'ils enseignent ce dogme amollissant, il en faut chasser aussi tous les chrétiens, et désormais il faudra que vous demandiez à tout instituteur et à tout professeur de ne plus croire à la Providence.

Avouez, monsieur, qu'il est rare de mêler plus facilement ensemble les calomnies et les absurdités.

Vous trouvez cependant moyen d'aller plus loin encore, et vous vous appliquez à diviser ce que vous appelez le *haut clergé*, que vous dénigrez, et ce que vous nommez le *bas clergé* que vous flattez, en l'excitant à l'envie. Peine perdue, monsieur. Je ne connais pas d'ailleurs de bas clergé. Le rang de prêtre est le plus haut auquel nous puissions atteindre; nul évêque, le Pape lui-même, n'a un autre caractère sacerdotal que le plus humble prêtre. Toutes les dignités ecclésiastiques sont, en un sens, au-dessous de ce titre de prêtre, et il mène à toutes les plus hautes charges dans l'Eglise. De telle sorte qu'à ce point de vue, nulle institution n'est plus démocratique que l'Eglise. Presque tous enfants du peuple, élevés ensemble, nourris ensemble de la parole de Celui qui est mort pour le peuple, nous ne nous laisserons pas diviser ni tromper. Notre fraternité est bonne, notre Dieu est le vrai Dieu, et le vôtre n'est rien. Soyez sincère, monsieur, sortez des phrases, et dites-moi hautement et sans précaution oratoire si, oui ou non, *la libre pensée* à laquelle vous êtes « *acquis,* » et « *la science humaine à l'égal de laquelle vous ne mettez rien,* » reconnaît l'existence d'un Dieu personnel et vivant? Votre franchise vous oblige à répondre. Osez déclarer à vos amis que vous croyez en Dieu, ou bien osez dire au pays que vous n'y croyez pas,

Et si votre prétendue science nie Dieu, monsieur, je vous plains, mais convenez qu'il ne vous appartient guère de parler religion, et d'essayer de séduire et de diviser les prêtres, qui ont donné leur vie à Dieu. Vous dites que s'ils osaient faire des confidences, ils s'avoueraient démocrates. S'ils vous faisaient des confidences, savez-vous ce qu'ils vous diraient, les desservants de nos villages ? Ils vous diraient qu'il y a dans chaque hameau une poignée de petits rhéteurs, orateurs de tavernes, meneurs de conseils municipaux, qui chassent les frères et les sœurs, retirent au curé la petite indemnité sans laquelle il ne peut vivre, défendent aux instituteurs de mener les enfants à la messe, refusent de réparer les églises en ruines, recommandent les mariages et les enterrements solidaires, et ne connaissent pas d'autre manière de servir une république que la haine du prêtre, la basse et niaise impiété : et ces rhéteurs, dans chaque village, sont précisément vos amis.

C'est à leur aide que vous comptez établir cette éducation « nationale, véritablement moderne, » où vous devrez — pour apprendre aux enfants leurs « devoirs de citoyen, » « pour « exciter en eux des idées de sacrifice, de dévouement « à la patrie, » pour faire d'eux une « espèce humaine non amollie, » — vous devrez non-seulement ne pas leur parler de Dieu et de la *Providence,* mais combattre et extirper en eux l'idée de la Providence ; et imposer enfin à la jeunesse française un *enseignement sans religion,* une *morale sans*

Dieu. Eh bien ! une telle éducation, voulez-vous que je vous dise, moi, ce qu'elle nous donnera ? Au lieu de nous faire des hommes, elle nous donnera des monstres, une barbarie savante, armée de tous les moyens de destruction, la barbarie du cœur et des mœurs, en un mot ce que nous avons vu pendant le règne de la Commune ; des jeunes gens et des filles de 18 à 25 ans, dominant et incendiant Paris.

Et c'est après de telles horreurs et de telles leçons, que vous avez bien osé débiter tout ce qu'on lit dans ce discours ; et l'auditoire applaudissait ! Pour moi, il y a là un signe du profond désarroi dans lequel nous sommes encore à l'heure qu'il est. Non, la France n'est pas au bout de ses malheurs !

Mais c'est assez, monsieur. J'ai voulu pour toute réponse à vos harangues, placer, en face des paroles, des faits. J'ai voulu, en vous répondant, défendre l'Église ; et je crois avoir aussi défendu la paix publique. En théorie, contre telle ou telle forme de gouvernement, ni ma foi, ni ma raison, ni mon patriotisme n'auraient de graves objections, si je n'avais pas vu votre parti à l'œuvre, si mes yeux n'étaient pas encore tout remplis par le sombre nuage et les souvenirs de vos actes.

Vous avez beau vous envelopper d'habiletés, d'insinuations doucereuses. Le prédicateur me gâte le sermon. Et l'ancien dictateur me met en garde contre l'onction du candidat qui aspire.... à fonder la liberté ? non ; à tuer la religion et à prendre le pouvoir. Vous n'êtes pas un apôtre, vous êtes un prétendant. *La République, c'est moi !* voilà votre programme, et tout l'objet de votre discours. Eh bien ! croyez-moi, la France a déjà une République : le besoin d'une seconde, même avec l'avantage de votre présidence, ne se fait pas du tout sentir.

Veuillez agréer, monsieur, avec le regret que j'ai de vous combattre, l'expression de tous les sentiments qu'un collègue à l'honneur de vous offrir.

† FÉLIX, Evêque d'Orléans,
Député du Loiret à l'Assemblée nationale.

AVIS.

Nous avions annoncé que nous publierions en une brochure in-8° : 1° la *Lettre* de Mgr Dupanloup à Gambetta ; 2° l'*Avertissement* de Mgr Freppel. Au moment de faire tirer, nous avons reçu la lettre suivante de M. Palmé, libraire-éditeur de Paris.

« J'ai seul l'autorisation de mettre en brochure les *avis* de Mgr Freppel. Veuillez, je vous prie, ne point faire ce que vous annoncez dans le *Dimanche* : car, à mon grand regret, je serais obligé de faire valoir mes droits. »

Devant cette opposition, nous devons nous borner à publier la lettre de Mgr Dupanloup qui a bien voulu nous en donner l'autorisation. Il serait à désirer qu'on pût la répandre partout pour dissiper les préjugés qu'accumule l'école révolutionnaire. Il faudrait qu'on en donnât au moins 12 exemplaires dans chaque village, 100 dans les petites villes, un plus grand nombre dans les grands centres. Nous faisons appel, pour cette utile propagande, à tous ceux qui pensent qu'il ne suffit plus aujourd'hui de soulager les misères corporelles, mais qu'il est aussi nécessaire de venir en aide aux indigences de l'esprit public.

Ceux de nos abonnés qui voudraient se procurer les deux lettres de Mgr Freppel les trouveront chez Palmé, au prix de 50 cent. Nous avions compris la propagande à un prix bien autrement réduit.

LE DIMANCHE

SEMAINE RELIGIEUSE DU DIOCÈSE D'AMIENS

PUBLIÉE SOUS LE PATRONAGE DE L'ÉVÊCHÉ

Par M. l'abbé J. CORBLET,

Chanoine honoraire, Historiographe du Diocèse.

Ce recueil religieux, dont le format augmenté est aujourd'hui de 32 pages, comprend les matières suivantes : offices de la semaine — annonces des fêtes, des cérémonies particulières, des adorations perpétuelles — questions à l'ordre du jour — morale — liturgie — enseignement religieux — bibliographie — poésie — voyages — histoire et archéologie locales — actes de l'autorité diocésaine — nouvelles du diocèse — nouvelles religieuses de Rome, de la France et de l'Étranger — récits édifiants — romans religieux — anecdotes — pensées, etc.

PRIX DE L'ABONNEMENT PAYABLE D'AVANCE

(En un mandat de poste)

Un an, **6 fr.** — Six mois, **3 fr. 50.** — Trois mois, **2 fr.**

15 centimes le Numéro

L'abonnement part du premier de chaque mois.

ON S'ABONNE

Chez LANGLOIS, libraire-éditeur, 23, place St-Firmin,

A AMIENS

Amiens. — Imp. H. YVERT, rue des Trois-Cailloux, 64.

www.ingramcontent.com/pod-product-compliance
Lightning Source LLC
Chambersburg PA
CBHW061611040426
42450CB00010B/2427